Elsbeth Bihler

Kommt, seht und feiert

Dieses Buch gehört

Elsbeth Bihler

Kommt, seht und feiert

Der Erstkommunionkurs

Vorbereitungsbuch für die Kinder

Lahn-Verlag

Quellennnachweise

Texte:

Seite 13 (Ich trage einen Namen): Text: Rolf Krenzer; Musik: Peter Janssens, aus: Ich schenk dir einen Sonnenstrahl, 1985,
alle Rechte im Peter Janssens Musik Verlag, Telgte-Westfalen.
Seite 22 (Mein Gott): Text: Reinhard Bäcker; Musik: Detlev Jöcker, aus: Heut ist ein Tag, an dem ich singen kann,
© Menschenkinder Verlag u. Vertrieb GmbH, Münster c/o Melodie der Welt GmbH & Co. KG, Frankfurt am Main.
Seite 24: Rolf Krenzer, © Rolf Krenzer Erben, Dillenburg.
Seite 62, 69 (Bibeltexte): Einheitsübersetzung der Heiligen Schrift, © 1980 Katholische Bibelanstalt, Stuttgart.

Fotos:

Seite 10: © Pierre-Alain Dufeil – Fotolia.com; Seite 11: © Elsbeth Bihler; Seite 17: Gabriele Rohde – Fotolia.com;
Seite 19: © Heinz Ney; Seite 24: © Helmut Singer – Fotolia.com; Seite 44: © Nicole Weidner; Seite 46: © foto.fritz – Fotolia.com;
Seite 47: Giòclick – Fotolia.com; Seite 49: © VladislavGajic – Fotolia.com; Seite 55: © Manuel Wächter – Fotolia.com;
Seite 57: © Albert Höfer; Seite 60: © ClaudioCalcagno – Fotolia.com; Seite 62: © MagdalenaKucova – Fotolia.com;
Seite 66: © Elsbeth Bihler; Seite 68: © pgm – Fotolia.com; Seite 70: © DarioSabljak – Fotolia.com

Bibliografische Information der Deutschen Nationalbibliothek

Die Deutsche Nationalbibliothek verzeichnet diese Publikation in der
Deutschen Nationalbibliografie; detaillierte bibliografische Daten
sind im Internet über http://dnb.d-nb.de abrufbar.

Das Gesamtprogramm
des Lahn-Verlags
finden Sie im Internet
unter www.lahn-verlag.de

ISBN 978-3-7840-3475-1

12. Auflage 2021

© 2010 Lahn-Verlag in der Butzon & Bercker GmbH, Hoogeweg 100, 47623 Kevelaer, Deutschland, www.lahn-verlag.de
Abdruck, auch auszugsweise, nur mit Genehmigung des Verlags
Illustrationen: Yvonne Hoppe-Engbring, Steinfurt
Umschlaggestaltung und Satz: Elisabeth von der Heiden, Geldern

Inhalt

Vorwort

Liebes Kommunionkind!

Gemeinsam mit deinen Eltern möchtest du dich auf den Empfang der heiligen Kommunion vorbereiten. „Kommunion" heißt „Gemeinschaft" und das bedeutet:

Wir gehören zusammen.

Wenn wir im Gottesdienst das heilige Brot empfangen, dann will Jesus selbst uns ganz nah sein. Alle Menschen, die mit dir Gottesdienst feiern, gehören zusammen. Sie gehören zur großen Gemeinschaft der Christen. Damit du das alles besser verstehen kannst, musst du dich bemühen, Jesus immer besser kennen zu lernen. Dabei soll dir dieses Buch helfen.

Es erzählt dir in bunten Bildern und Texten von Gott und von Jesus.

Es erzählt dir auch von den wichtigen Festen, die wir im Jahr als Gemeinschaft der Christen feiern.

Dieses Buch lädt dich ein, kleine Aufgaben selbst zu lösen, damit du dir die wichtigsten Dinge auch gut einprägen kannst.

Vieles wirst du auch in deiner Kommuniongruppe und im Gottesdienst erfahren.

In deiner Gemeinde wirst du Zahlreiches miterleben dürfen.

Wir wünschen dir viel Freude und Gottes Segen für diese Zeit!

Deine

Elsbeth Bihler

Ich lebe mit anderen

Gott,
du hast mir mein Leben geschenkt.
Das Leben ist bunt
wie ein Regenbogen.
Es gibt helle und fröhliche Zeiten.
Es gibt Zeiten, die sind
dunkel und nachdenklich,
manchmal auch traurig.

Ich lebe nicht allein.
Auch das macht mein Leben bunt.
Da sind die Menschen,
die ich lieb habe
und die mich lieb haben.
Vater und Mutter,
die Großeltern, die Geschwister,
alle anderen Verwandten
und natürlich meine Freunde
und Freundinnen
in der Schule und in der Freizeit.
Und da bist du, Gott, der seine Hände
schützend um mich hält,
mit deiner ganzen Schöpfung,
den Menschen, den Tieren
und den Pflanzen.
Danke, Gott, dass ich leben darf!

Allein kann ich nicht leben

Ein Mensch ist wie ein Baum

Du hast Wünsche und Sehnsüchte.

Schreibe deine Wünsche und Sehnsüchte in die Blätter.

Du lebst mit anderen.

Schreibe die Namen deiner Freunde und Geschwister in die Äste.

Klebe ein Bild von dir in den Baumstamm und male den Baum bunt.

Du kommst irgendwoher.

Schreibe die Namen deiner Eltern, Großeltern und Urgroßeltern in die Wurzeln.

Leben im Rhythmus – Jahreszeiten

Jedes Jahr folgt dem gleichen Rhythmus.
Du erkennst ihn am Wechsel der Jahreszeiten.

Schreibe die Jahreszeiten in die leeren Felder.

Taufe

Jesus,
Johannes hat dich getauft.
Du stehst im Fluss.
Er gießt Wasser über dich.
Er erkennt: Du bist Gottes Sohn,
du gehörst ganz zu Gott.

Viele von uns sind auch getauft worden.
Wir waren meistens noch kleine Babys.
Aber auf Fotos können wir es sehen:
Der Priester hat uns Wasser
über den Kopf gegossen.
Das Wasser sagt:
Gott möchte, dass wir lebendig sind.

Der Priester hat uns mit heiligem Öl gesalbt.
Das Öl sagt:
Wir sind etwas ganz Besonderes,
etwas Kostbares.
Die Eltern, der Priester und unsere Paten
haben uns gesegnet:
Im Namen des Vaters und des Sohnes
und des Heiligen Geistes.
Der Segen sagt: Gott schütze dich.
Du gehörst jetzt ganz zu Gott,
so wie du, Jesus.
Danke, dass wir zu dir gehören dürfen!
Amen.

Meine Taufe

Meine Eltern ließen mich auf den Namen _____ taufen.

Das war am _____

Meine Taufpaten heißen:

in der Kirche _____

_____

und

in _____

_____

Wir erinnern uns oft an unsere Taufe, z. B. wenn wir beim Hineingehen in die Kirche
etwas Weihwasser nehmen oder uns beim Verlassen der Wohnung mit Weihwasser segnen.
Dabei machen wir das Kreuzzeichen und sprechen:

Im

_____

_____

_____

Fülle die leeren Zeilen richtig aus.

Ich lebe in Gemeinschaften

Schreibe um das Haus herum die Namen der Gruppen und Gemeinschaften, in denen du lebst, z. B. Familie, Schule, Sportverein, Musikgruppe usw.

Meine Gemeinde

Meine Gemeinde heißt:

_____

Zu ihr gehören _____ Christen.

*Schreibe die Gruppen und Menschen, die du in
deiner Gemeinde schon kennst, um die Kirche
herum.*

Ich trage einen Namen,
bei dem der Herr mich nennt.
Du rufst mich in der Taufe,
damit auch ihr mich kennt.

In christlicher Gemeinde
mich aufnehmt, wie ich bin,
weil Gott mich angenommen.
Gott ruft mich selbst hierhin.

So ist es durch die Taufe
mit dir und mir geschehn:
Ich darf mit Christus leben
und mit ihm auferstehn.

Rolf Krenzer

Leben im Rhythmus – Kirchenjahr

Ordne die Feste den Bildern zu und trage sie auf die Strahlen in der Mitte ein.

Aschermittwoch / Gründonnerstag / Advent / Ostern / Christi Himmelfahrt / Palmsonntag / Weihnachten / Pfingsten / Erntedank / Karfreitag / Sankt Martin

Advent heißt Ankunft

Gott,
du willst ankommen
bei den Menschen.

Ganz nah willst du ihnen sein.
Du willst Mensch sein wie wir.

Du schickst deinen Engel zu Maria.
Du sagst:
Ich möchte Mensch werden in dir.
Maria sagt: Ja.
So kannst du ankommen bei uns.

Das ist Advent.

Wir bereiten uns vor, damit du, Gott,
in uns Mensch werden kannst.

Mach unser Herz weit,
damit wir das Fest der Geburt
deines Sohnes Jesus feiern können!
Amen.

Advent und Weihnachten

Der Weg

Jesus, du sagst:
Ich bin der Weg.
Ein Weg hat einen Anfang
und ein Ziel.
Wie unser Leben.

Du sagst:
Ihr alle seid Gottes Kinder.
Ihr alle habt ein Ziel:
Leben bei Gott,
ein Leben, das nie aufhört.

Zwischen Anfang und Ziel
liegt der Weg.
Du, Jesus, bist der Weg.
Du hast uns vorgelebt
und gezeigt,
wie wir leben sollen.

*Hier kannst du aufschreiben, wie du
dich auf Weihnachten vorbereiten
kannst.*

Jeder hat seinen Weg.
Jeder kann etwas
ganz besonders gut.
Aber das,
was wir auf unserem Weg tun,
soll das Gleiche sein:

Wir sollen andere
Menschen froh machen.
Wir sollen Gottes frohe Botschaft
weitersagen.
Wir sollen immer an Gott denken
und zu ihm beten.
So wie du, Jesus.
Hilf uns dabei!
Amen.

Macht hoch die Tür

Jesus, du sagst:
Ich bin die Tür.

Eine Tür kann man
auf- und zumachen.
Wenn wir in einem Raum stehen
und die Tür öffnen,
sehen wir ins Weite,
wird unser Haus hell und warm.

Wenn wir von draußen kommen
und eine Tür öffnen,
treten wir in einen Raum ein,
sind wir zu Hause.

Jesus,
du möchtest,
dass unser Leben
weit und hell ist.

Du sagst:
Ich bin die Tür zum Vater.
Du öffnest uns die Tür zu Gott,
der für uns wie Vater
und Mutter ist.
Du zeigst uns, wie Gott ist.

Danke, Jesus.
Amen.

Adventslichter

Wir zünden Lichter am Adventskranz an. Der Kranz aus grünen Zweigen sagt: Ihr könnt immer Hoffnung haben.

Die lila Schleifen sagen: Besinnt euch und kehrt um, damit ihr an Gott glaubt und damit Frieden wird.

Die roten Kerzen sagen: Gott liebt uns, wie auch wir uns lieb haben sollen.

Trage die Namen in die hellen Flächen der Kerzen ein.

So können wir den Kerzen am Adventskranz Namen geben: **Frieden / Liebe / Glaube / Hoffnung.**

Weihnachten

Jesus,
du bist geboren.
Du bist ein kleines Baby.
Maria und Josef
freuen sich über dich
und die Hirten und
die weisen Männer
und Ochs und Esel und wir.

Wir waren auch so klein wie du.
Mama und Papa und viele andere
haben sich auch gefreut,
als wir da waren.
So winzig, so klein und doch
ein ganzer Mensch.
Ein Wunder.
Jesus, du kommst von Gott.
Gott wird Mensch in dir.
Gott will bei uns sein.
Danke, Jesus, dass du zu uns
gekommen bist.
Amen.

Sterne

Jeden Abend leuchten am Himmel
viele tausend Sterne auf.
Rund sind sie.
Sie ziehen ihre Bahn.
Sie leuchten und verteilen ihre Strahlen.
Sie sehen immer wieder anders aus.
Schön sind sie,
die Sterne in dunkler Nacht.
Manchmal verdecken Wolken die Sterne.

Dann sieht man sie nicht.
Wenn der Wind die Wolken fortbläst,
kann man sie wieder sehen.
Kleine und große Sterne gibt es.
Ohne zu ruhen,
ziehen sie am Himmel ihre Bahn.

*Er leuchtet still, der Stern,
der etwas sagen will.
Gott sendet Licht,
vergisst uns nicht.*

In einer Nacht erscheint am Himmel
ein ganz großer leuchtender Stern.
Wie eine Blume,
wie eine Sonne leuchtet er auf.

Er sagt allen Menschen:
Jesus ist geboren.
Ehre sei Gott in der Höhe
und Friede den Menschen auf Erden.

Nach Franz Kett

Von Gott erzählen

Ich bin da

Vielleicht kennst du das auch?
Manchmal sagt jemand zu dir:
Hab keine Angst, ich bin doch da.
Vielleicht ist es deine Mutter
oder dein Vater.
Vielleicht war es ein guter Freund
oder eine gute Freundin
oder die Großeltern oder
Onkel und Tante
oder sonst jemand,
den du lieb hast.

Bestimmt hast du gespürt,
wie gut es ist,
wenn jemand sagt:
Ich bin da!
Du bist nicht allein.
Du weißt, wohin du gehen kannst,
wenn etwas schwierig für dich wird.

Manche Menschen sagen:
Gott ist immer für mich da.
Ich spüre ihn,
wenn ich leise werde und bete.
Ich spüre ihn, wenn ich
anderen Menschen begegne,
die gut zu mir sind.
Ich spüre ihn,
wenn ich die Schönheit
der Natur sehe.
In allem sagt Gott:
Ich bin der ICH BIN DA.

Gott – wer bist du?

Bist du ein Haus aus dicken Steinen,
mit Fenstern und mit einem Dach?
Gibst du den Großen und den Kleinen
stets ein zu Hause Tag und Nacht?

Bist du ein Schiff mit starken Masten,
das auch im größten Sturm nicht sinkt
und allen, die in Angst geraten,
die wunderbare Rettung bringt?

Bist du ein Lied, das alle singen,
weil seine Melodie so schön,
bei dem wir lachen, tanzen, springen
und lauter gute Dinge sehn?

Bist du ein Licht mit bunten Strahlen,
das meinen dunklen Weg erhellt?
Kann ich dich wie die Sonne malen,
die morgens in mein Zimmer fällt?

Bist du ein Freund, dem ich vertraue
und dem ich alles sagen kann,
mit dem ich eine Bude baue
und über Mauern springen kann?

Mein Gott! Ich kann dich gar nicht sehen und doch sagst du: Ich bin bei dir!
Mein Gott! Wie soll ich das verstehen? Ich bitte dich, komm, zeig es mir!

Reinhard Bäcker

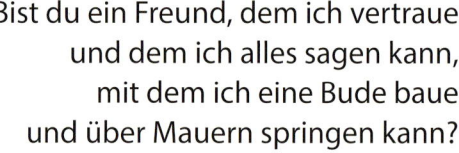

… und das sagen Menschen in der Bibel:

Gott, du bist wie
eine starke Burg.

Gott, du bist wie eine
Adlermutter, die ihre
Jungen beschützt.

Gott, für mich bist du wie:

Gott, du bist
wie ein guter Vater.

Gott, du bist mein Hirte.

Gott ist Vater und mehr, mehr, viel mehr.
Er ist uns Mutter und mehr, mehr, viel mehr.

Beten

Halte zu mir, guter Gott,
heut den ganzen Tag.
Halt die Hände über mich,
was auch kommen mag.

Du bist jederzeit bei mir,
wo ich geh und steh,
spür ich, wenn ich leise bin
dich in meiner Näh'!

Gibt es Ärger oder Streit
und noch mehr Verdruss,
weiß ich doch,
du bist nicht weit,
wenn ich weinen muss.

Meine Freude, meinen Dank,
alles sag ich dir.
Du hältst zu mir, guter Gott,
spür ich tief in mir.

Rolf Krenzer

Dafür möchte ich Gott
loben und preisen:

Darum möchte ich Gott
bitten:

Dafür möchte ich Gott
danken:

Was ich Gott
erzählen möchte:

Jesus ist Gottes Sohn

Jesus kommt von Gott.

Jesus war ein Mensch.
Er ist geboren wie ein Mensch.
Er hat gelebt wie ein Mensch,
wie ein besonderer Mensch.

Er lehrt die Menschen.
Er erzählt ihnen von Gott.

Er heilt Menschen, die krank sind.
Er macht Menschen froh,
die traurig sind.
Er hilft Menschen,
wieder gut zu sein.

Er betet zu Gott, seinem Vater.
Jesus ist Gottes Sohn.

Er ist gestorben am Kreuz.
Für uns.

Gott hat ihn auferweckt.
Er hat den Tod überwunden.
Er lebt im Reich seines Vaters.

Er hat uns seinen Geist gesandt.
Er lässt uns nicht allein.

Jesus begegnen

Ein Tag im Leben Jesu

Jesus, du bist mit deinen Freunden durch das Land gewandert. Du hast den Menschen von Gott erzählt. Du hast ihnen die frohe Botschaft von Gottes Reich weitergesagt. Die Menschen staunten darüber.

Jesus l _____

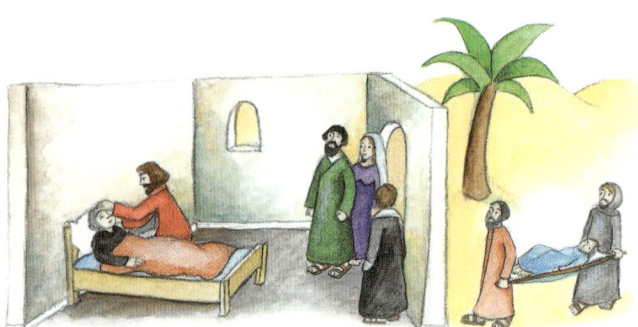

Du warst mit deinen Freunden bei Petrus zu Hause. Die Schwiegermutter des Petrus hatte Fieber und lag im Bett. Du hast ihr die Hand auf die Stirn gelegt und sie gesund gemacht. Dann konnte sie für euch sorgen. Abends brachten sie alle Kranken zu dir und du hast viele gesund gemacht.

Jesus h _____

Früh am Morgen bist du an einen Ort gegangen, wo du ganz allein sein konntest. Dort hast du zu Gott, deinem Vater, gebetet. So hast du uns an einem Tag gezeigt, was wichtig ist, wenn wir zu dir gehören wollen.

Jesus b _____

Nach Markus 1,21–22.29–35

Jesus lehrt

Jesus,
du hast den Menschen vom Reich Gottes
erzählt.
Du hast gesagt:

Gott möchte, dass ihr froh seid.
Gott möchte, dass ihr glücklich seid.
Jetzt und auch, wenn wir gestorben sind,
bei ihm.

Gott möchte nicht, dass Menschen weinen.
Gott möchte nicht, dass Menschen keine
Hoffnung haben.

Jesus,
du hast gesagt:
Das Reich Gottes ist kostbar wie ein Schatz
oder eine Perle.
Es lohnt sich, danach zu suchen.

Schreibe in die Schatzkiste,
was für dich ganz besonders
kostbar und wertvoll ist.

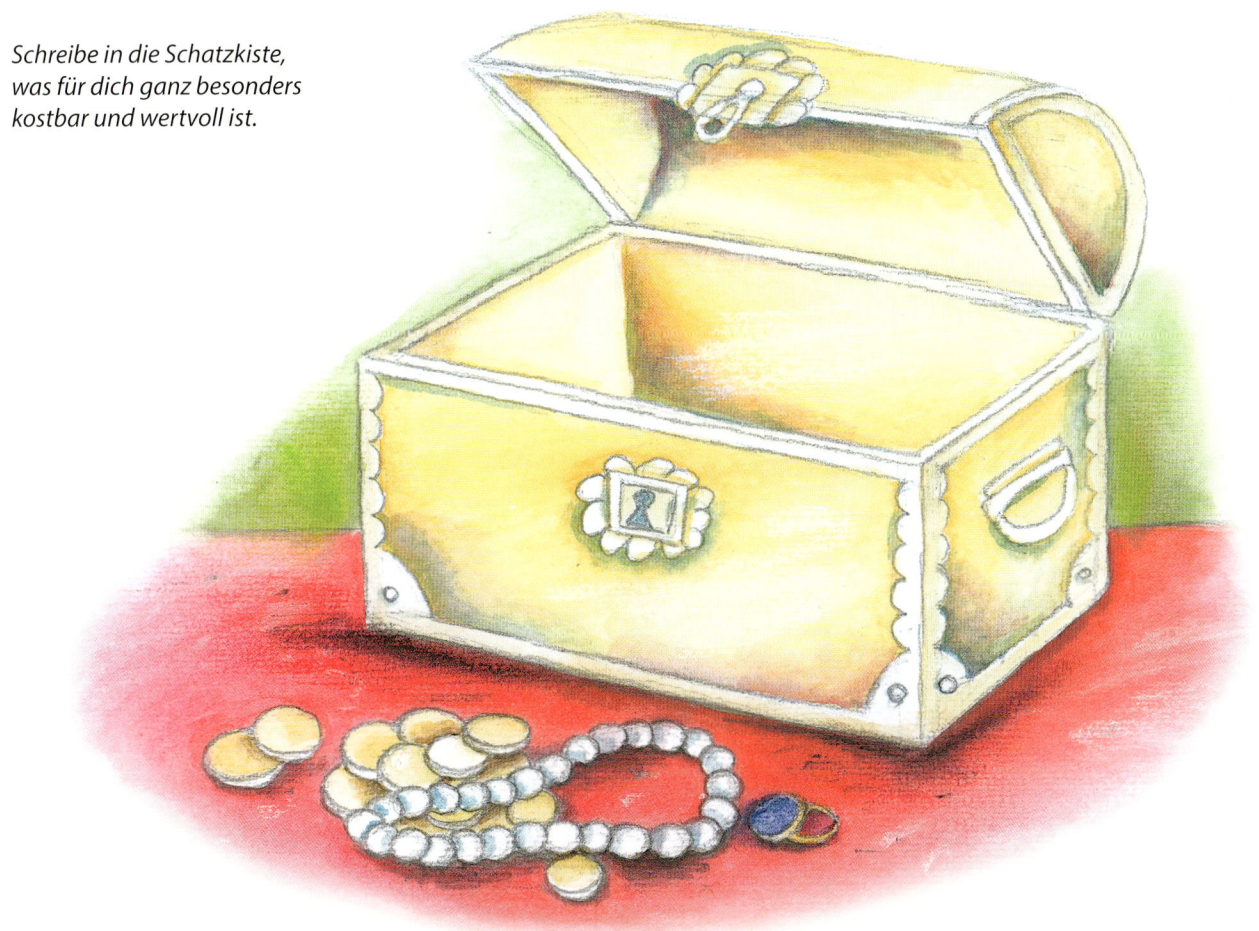

Gottes Reich ist wie ein Samenkorn

Jesus, du hast gesagt:
Das Reich Gottes ist wie
ein kleines Samenkorn schon da.
Es ist in uns Menschen.
Es soll ein Baum daraus werden.
Und wir dürfen dabei mithelfen.
Du machst uns Mut.

Bitte, Jesus, hilf uns,
an Gottes Reich mitzubauen,
damit wir alle glücklich werden.
Amen.

Gott sorgt für uns

Jesus, du sagst:
Ihr müsst euch nicht
um euer Leben sorgen.
Gott sorgt für euch.

Ich müsst euch keine Sorgen machen,
ob ihr etwas anzuziehen habt.

Schaut euch die Blumen an, die wachsen.
Sind sie nicht wunderschön
mit all ihren bunten Farben?
Gott sorgt für sie.

Ihr müsst euch keine Sorgen machen,
ob ihr satt werdet.

Schaut auf die Vögel,
die am Himmel fliegen.
Sie freuen sich,
dass sie leben.
Sie singen und jubeln.
Sie finden immer etwas zu essen.
Gott sorgt für sie.

Ihr sollt euch um das Reich Gottes sorgen.
Alles andere schenkt euch Gott dazu.

Jesus,
hilf uns, das immer besser zu verstehen.

Amen.

Jesus heilt

Jesus,
du warst ein ganz besonderer Mensch.
Du warst Gottes Sohn.

Die Menschen, die dir begegnet sind,
haben das gespürt.
Sie waren verändert.
Sie wurden froher.
Sie wurden heil und gesund.
Sie wurden gut.

Da waren die Fischer am See.
Sie sind mit dir gegangen.
Sie wollten dir zuhören.
Sie wollten deine frohe Botschaft weitersagen.
Wir wollen auch mit dir gehen.

Da war Zachäus.
Er war schlecht.
Er gönnte den anderen nichts.
Du hast ihn verändert. Er wurde gut.
Er hat gelernt, mit den anderen zu teilen.
Hilf uns auch, gut zu sein.

Da waren die Kinder.
Du sagst: Sie sollen kommen.
Lass uns immer gerne zu dir gehen.

Da war Bartimäus.
Er war blind.
Er konnte nichts sehen.
Wir sehen auch oft nicht, was wir sehen sollten.
Öffne unsere Augen,
dass wir die Not der anderen sehen.

Da war der gelähmte Mann mit seinen Freunden.
Du hast gesagt: Das Böse in uns ist schlimmer,
als gelähmt sein.
Du hast ihm alles Böse vergeben.
Du hast ihn geheilt.
Er konnte wieder gehen.
Verzeih uns auch, wenn wir Böses tun.
Lass uns immer wieder Schritte
aufeinander zumachen.

Da war das Mädchen.
Die Leute sagten: Sie ist tot.
Du aber willst, dass sie lebt.
Du sagst: Steh auf!
Hilf uns, auch immer wieder aufzustehen,
wenn wir niedergeschlagen und traurig sind.

Wir bitten dich, Jesus,
verändere uns.
Mach uns froh.
Mach uns heil.
Mach uns gut.
Amen.

Jesus betet

Jesus, deine Freunde, die Jünger, haben dich gefragt:
Wie sollen wir beten?
Du hast es ihnen gezeigt.
So beten noch heute alle Christen auf der ganzen Welt:

Vater unser im Himmel,
geheiligt werde dein Name.
Dein Reich komme.
Dein Wille geschehe, wie im Himmel so auf Erden.
Unser tägliches Brot gib uns heute.
Und vergib uns unsere Schuld,
wie auch wir vergeben unseren Schuldigern.
Und führe uns nicht in Versuchung,
sondern erlöse uns von dem Bösen.

Denn dein ist das Reich und die Kraft und die Herrlichkeit in Ewigkeit.
Amen.

Lerne das Vaterunser auswendig.
Schreibe ein eigenes Gebet hierhin:

Vater unser im Himmel
geheiligt werde Dein Name
Dein Reich komme
Dein Wille geschehe
wie im Himmel so auf Erden
Unser tägliches Brot gib uns heute
und vergib uns unsere Schuld
wie auch wir vergeben unsern Schuldigern
Und führe uns nicht in Versuchung
sondern erlöse uns von dem Bösen
Denn Dein ist das Reich und die Kraft und die Herrlichkeit
in Ewigkeit Amen

Jesus schenkt Vertrauen

Jesus,
wir wissen,
dass du uns
beschützt.
Trotzdem haben
wir oft Angst.
Wir fürchten uns
vor dem, was passieren kann.
Wir vergessen,
dass du da bist.

So wie deine Freunde
damals im Boot.
Da war der Sturm.
Die Wellen schlugen ins Boot.
Es schwankte hin und her.
Die Jünger schrien vor Angst.
Du hast im Boot geschlafen.
Die Jünger haben dich geweckt.
Du hast dich gewundert.
Warum habt ihr Angst?
Habt ihr keinen Glauben?
Habt ihr kein Vertrauen?
Du sagtest zum Sturm:
Schweige! Da wurde es still.
Deine Freunde spürten:
Wir müssen keine Angst haben.
Jesus ist bei uns.
Er beschützt uns.
So wie du uns heute auch beschützt.
Danke, Jesus, dass du da bist.
Amen.

Jesus geht in die Wüste

Jesus geht in die Wüste. Die Wüste ist weit. Die Wüste ist leer. Die Wüste ist still. Jesus will ganz allein sein. Er prüft sich – sein Herz. Er betet: Vater im Himmel, was willst du von mir? Was soll ich tun? Vierzig Tage und Nächte ist Jesus in der Wüste.

Er fastet. Er hungert. Da hört Jesus in seinem Herzen eine Stimme. Es ist nicht Gottes Stimme, es ist die Stimme des Bösen.

Er sagt zu Jesus: „Du hast Hunger. Du bist doch Gottes Sohn. Dann mach dir aus Steinen Brot." Jesus sagt: „Nein, Gott sorgt für mich."

Der Böse sagt: „Ich mach dich zu einem großen König, den die Menschen bewundern." Jesus sagt: „Nein! Nicht mich sollen die Menschen ehren, sondern Gott."

Der Böse sagt: „Bete mich an und ich mache dich zum reichsten Menschen auf der ganzen Welt!" Jesus wird zornig und sagt: „Weg von mir, du Versucher! Gott allein ist der Herr über alles. Ihm allein will ich dienen. Ihn allein will ich anbeten. Ihn will ich loben und preisen."

Da lässt der Böse Jesus in Ruhe und Jesus kann tun, was Gott ihm aufgetragen hat.

Fastenzeit und Ostern

Aschermittwoch

Fasten mit den **Händen**:

Fasten mit den **Augen**:

Schreibe in die Felder, was du dir für die Fastenzeit vornehmen möchtest.

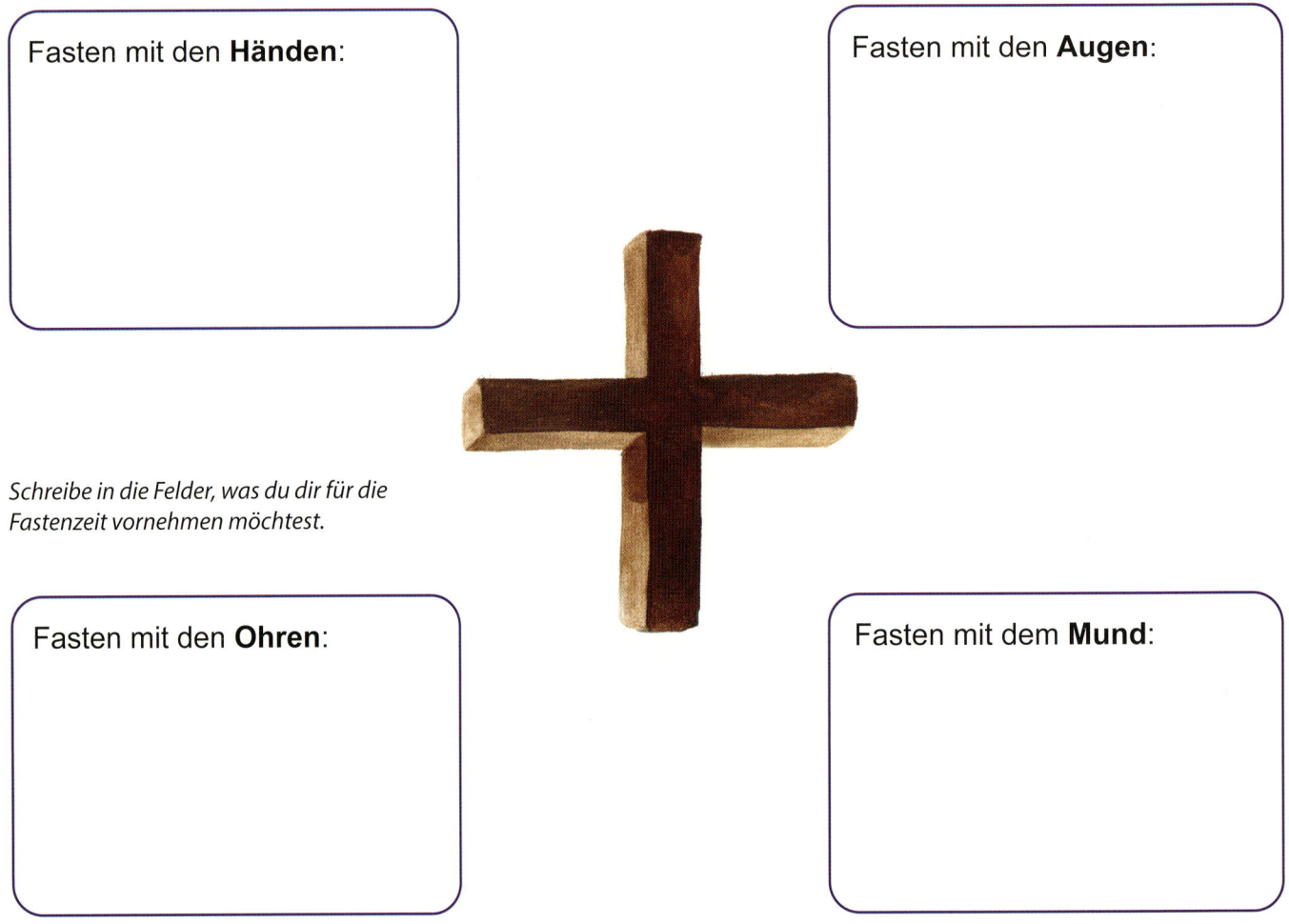

Fasten mit den **Ohren**:

Fasten mit dem **Mund**:

Das Aschenkreuz sagt uns:

Wir wollen auf Jesus schauen.
Durch ihn wissen wir:
Unser Leben geht weiter,
auch nach dem Tod.

Wir wollen wieder mit
all unseren Sinnen wach sein
und uns darauf besinnen,
was Jesus von uns will.

Der Weg durch die Fastenzeit

Überlege dir in jeder Woche der Fastenzeit, was du dir vornehmen möchtest. Schreibe es in die Wegweiser.

Palmsonntag

Jesus,
du bist auf einem Esel in die große
Stadt Jerusalem geritten. Die Leute
haben grüne Zweige von den
Bäumen gerissen. Sie haben dir
damit vor Freude zugewinkt. Sie
haben dich damit begrüßt.

Sie haben gerufen: Da kommt unser
Retter, unser Erlöser, unser König!

Sie haben dir zugerufen: Hosianna!
Heilig ist unser König.

So wie die Menschen damals rufen
auch wir heute im Gottesdienst,
wenn der Priester das große
Dankgebet beginnt: „Heilig" und
„Hosanna".

Am Palmsonntag nehmen wir
grüne Zweige mit in die Kirche. Sie
werden dort gesegnet. Dann ziehen
wir damit in die Kirche ein, wie
damals Jesus mit seinen Freunden
in Jerusalem.

Gründonnerstag

Jesus,
du sitzt mit deinen Freunden
zusammen. Du isst mit ihnen.
Du trinkst mit ihnen.
Du bist gerne bei ihnen.
Du weißt: Bald musst du sterben.
Aber du machst Mut.

Du reichst das Brot.
Du sagst:
Dieses Brot,
das ist mein Leib.
Das bin ich für euch.
Mit euch. In euch.

Du reichst den Wein.
Du sagst:
Das ist mein Blut.
Das ist mein Leben.
Für euch. In euch.

Das feiern wir immer
wieder im Gottesdienst.
Du willst mit uns
Gemeinschaft haben.
Kommunion.
Danke für
dieses Geschenk,
dass du selber bist.
Amen.

Schreibe in die leere Zeile:
Tut dies zu meinem Gedächtnis!

Jesus, du sagst:

_____

_____

Karfreitag

Jesus, die Menschen wollen dich nicht.
Sie reden böse über dich.

Du bist im Garten. Du betest.
Deine Jünger schlafen.

Soldaten kommen. Sie nehmen dich
gefangen. Sie verspotten dich.

Pilatus verurteilt dich.

Du trägst das Kreuz. Du leidest.
Die Soldaten schlagen dich ans Kreuz.

Jesus stirbt am Kreuz

Kreuze stehen auf einem Berg.
Daran sind Menschen gestorben.
Verbrecher. Diebe. Mörder.
Und du, Jesus.
Warum?
Du bist tot.
Und jetzt?
Ist alles aus?
Du sagst:
Ich habe gelitten.

Ich bin gestorben.
Ich bin begraben worden.
Für euch.
Um euch zu erlösen.
Von eurer Schuld.
Vom Tod.
Mein Tod, mein Sterben ist Hoffnung für euch.

Hilf uns, das zu verstehen.
Amen.

Karsamstag

Jesus ist gestorben. Seine Freunde haben ihn ins Grab gelegt. Das Grab ist mit einem dicken Stein verschlossen.

Schreibe hierhin, was die Freunde Jesu fühlen.

Ostern

Jesus,
du bist nicht im Grab geblieben.
Gott hat dich auferweckt.
Wir feiern Ostern.
Jedes Jahr, jeden Sonntag, immer,
wenn wir Gottesdienst feiern.

Ja, es ist wahr:
Du hast uns erlöst.
Du bist nicht im Tod geblieben.
Du hast den Tod überwunden.
Du hast uns ewiges Leben bei Gott geschenkt.

Das ist wirklich ein Grund zum Jubeln:
„Halleluja" singen wir, gelobt sei Gott,
der uns lieb hat, der selbst dem Tod
das Schreckliche nimmt.

Wir haben Hoffnung:
Wie jeden Tag die Sonne
nach der dunklen Nacht aufgeht,
so kommt nach jedem Traurigsein,
nach jedem Dunkel wieder Licht
und Freude in unser Leben.
Danke, Jesus, dass du das für uns getan hast!
Amen.

Halleluja

*Schreibe die
passende Jahreszahl
in die Osterkerze.*

*So singen wir in der Osternacht,
wenn das Osterfeuer gesegnet
und die Osterkerze in die Kirche getragen wird:*

Christus, das Licht

O Licht der wunderbaren Nacht,
uns herrlich aufgegangen.

Befreit sind wir von Angst und Not,
das Leben hat besiegt den Tod:
Der Herr ist auferstanden.

Halleluja,
Jesus, du lebst!

Auch heute,
auch bei uns.

Du bist da
in den Worten der Bibel.

Du bist da,
wenn wir den Menschen helfen,
die um uns sind.

Du bist da,
wenn wir Brot und Wein
miteinander teilen.

Danke, Jesus, dass du da bist.
Amen.

Christi Himmelfahrt

Jesus hat seine Freunde gesegnet
und ist zu seinem Vater zurückgekehrt.
Er ist in den Himmel aufgefahren,
sagen wir.
Der Himmel, das ist die Wohnung Gottes.
Es ist ein Bild dafür.
Der Himmel ist überall.
Du kannst ihn immer sehen.
Selbst wenn Wolken davor sind,
ist er sichtbar.
Aber selbst, wenn du bis
zum Mond fliegst:
Du kannst den Himmel nicht
anfassen. Du kannst ihn nicht erreichen.
Trotzdem ist er da.
Deshalb sagen wir:
Gott wohnt im Himmel.
Das heißt: Gott wohnt überall.
Jesus ist Gott.
Er ist zu seinem Vater
zurückgekehrt.
Deshalb ist er bei uns wie Gott.
Er ist bei uns in seinem
Heiligen Geist.
Er wohnt in den Bäumen, den
Blumen, den Sträuchern und
Feldern.
Er wohnt in den großen
und kleinen Tieren.
Er wohnt in jedem Menschen.
Gott wohnt in deinem Herzen.

Was nach Ostern geschah

Wind und Sturm

Hast du schon einmal
den Wind gesehen?
Du kannst ihn nicht sehen.
Du kannst ihn spüren.
Du kannst sehen, was er tut.
Du kannst ihn in den Dingen sehen,
die von ihm berührt werden.
Der Wind ist eine Kraft.
Er bewegt die Wolken.
Er bewegt die Segelschiffe.

Er bewegt die Windmühlen.
Er bewegt den Ballon.
Du kannst ihn in den Bäumen hören
und sehen.
Du kannst dich von ihm treiben lassen.
Du kannst sehen,
wie er mit den Blättern spielt.
Oder mit den Schneeflocken.
Du kannst einen Drachen
steigen lassen, weil der Wind weht.

Feuer

So entsteht Feuer:
Da ist Holz.
Es wird aufgeschichtet.
Ein Kreis aus Steinen
bildet einen Schutz.
Da ist ein Funke,
zwei Steine schlagen aufeinander,
ein Streichholz wird entfacht,
ein Feuerzeug leuchtet auf.

Die Flamme springt über.

Ein Holzscheit entzündet sich
am anderen.

Das Feuer bekommt Nahrung.
Es gibt Licht und Wärme.
Es schenkt Geborgenheit.

Es wird zur Mitte
unserer Gemeinschaft.

Pfingsten

Jesus, du hast gesagt:
Ich lasse euch nicht allein.
Ich werde euch den Beistand senden,
den Heiligen Geist.
Die Jünger und Maria hatten sich versteckt.
Sie hatten Angst.
Du hast deinen Heiligen Geist gesandt.
Er kam in Wind und Sturm,
er kam im Feuer.
Die Angst war wie weggeblasen.
Dein Geist hat die Apostel bewegt.
Sie haben andere angesteckt mit dem Feuer des Glaubens.
Und so wuchs die Gemeinschaft der Christen,
so wuchs die Kirche, immer weiter, bis heute.
Danke, Jesus, dass wir dazugehören dürfen!
Amen.

Wen sandte Jesus den Jüngern?

Den H _____ G _____

Maria – die Mutter Jesu

Maria, du bist die Mutter Jesu, die Mutter Gottes.
Du hast Jesus im Leben begleitet.
Du warst bei ihm im Leiden und im Sterben.
Du warst bei den Jüngern, als der Heilige Geist kam.
Wir beten zu dir:

Gegrüßet seist du, Maria,
voll der Gnade,
der Herr ist mit dir.
Du bist gebenedeit unter den Frauen
und gebenedeit ist die Frucht deines Leibes, Jesus.
Heilige Maria, Mutter Gottes, bitte für uns Sünder,
jetzt und in der Stunde unseres Todes.
Amen.

Lerne das Mariengebet auswendig.

Die Gemeinschaft der Christen

Die ersten Christengemeinden lebten so, wie Jesus es ihnen vorgelebt hat:
Jesus hat gebetet.
Jesus hat den Menschen von Gott erzählt.
Jesus hat die Menschen heil und froh gemacht.

Trage folgende Worte zum entsprechenden Bild ein:

Nächstenliebe

Verkündigung

Gebet und Gottesdienst

N _____   G _____   V _____

_____

Auch heute noch leben die Christengemeinden so:
Sie feiern Gottesdienst.
Sie erzählen von Gott und von Jesus.
Sie leben miteinander, achten aufeinander und helfen einander.

Miteinander teilen

Jesus,
da waren die vielen Menschen.
Sie sind dir nachgegangen.
Sie sind um den ganzen See gelaufen.
Sie wollten nicht ohne dich sein.
Du hast ihre Sorgen gesehen.
Du hast ihnen von Gott erzählt.
Dann wurde es Abend.
Sie hatten Hunger.
Schick sie weg, sagen deine Freunde.
Du sagst: Nein!
Habt ihr etwas zu essen?
Dann gebt ihnen davon.
Teilt miteinander!
Alles, was ihr habt.
Das Brot.
Den Fisch.
Das Wasser.
Den Wein.
Die Zeit.
Die Freundschaft.
Die Liebe.
Dann wird es so sein,
wie Gott es will.

Jesus, hilf uns zu teilen,
was wir haben.
Amen.

Jesus sagt: Ich lade dich ganz herzlich ein

Das Weizenkorn

Ein Korn liegt in der Erde.
Es ist dunkel.
Das Korn ist wie tot.
Hart und geschlossen.
Es liegt wie in einem Grab.

Und dann geschieht das Wunder:
Die Sonne erwärmt den Boden.
Der Regen feuchtet ihn an.
Das tote Korn wird verwandelt:
Es bricht auf.
Ein kleiner, vorwitziger, grüner Keim
wächst aus dem Korn hinauf ans Licht.

Immer weiter streckt er sich
der Sonne entgegen.
Er bekommt kleine Blätter.
Die Frucht wächst.

Das Wunder ist da:
In dem toten Korn steckte Leben.
Er wurde verwandelt vom Tod zum Leben.
Das Leben hat sich durchgesetzt.

Brot

Ernten und Mahlen

Das Korn ist reif.
Es wird geerntet.
Der Bauer schneidet die vollen Ähren
und bringt die Ernte ein.

Zwischen den Mühlsteinen werden die Körner
zu Mehl zerrieben.
Sie werden ihre Form verlieren,
sie werden nicht mehr als Korn
zu erkennen sein.
Sie sterben endgültig, um für uns Brot zu werden.

Backen und Neuwerden

Der vermengte und geknetete Teig aus Mehl
muss in den Backofen.
Er wird verwandelt durch die Glut des Feuers.
Aus den vielen Weizenkörnern wird köstliches Brot.

Das Brot ist gebacken.
Es hat die Feuerprobe bestanden.
Es kann nun weitergeschenkt, geteilt,
gebrochen und miteinander gegessen werden.
Das Brot macht satt.
Das Brot macht froh.
Das Brot macht stark.
Wir essen es in Dankbarkeit.

Wein

Wachsen und Reifen

Auf einem Weinberg wachsen die Weinstöcke.
Sie treiben Blätter und Blüten.
Daraus werden Früchte.
Viel Sonne brauchen die Früchte, damit aus ihnen volle, reife
Trauben mit süßem Saft werden.
Aus dem Boden muss viel Wasser durch den Weinstock in die
Früchte gelangen,
damit die Reben viel Saft haben.

Ernten und Pressen

Wenn die Trauben reif sind, kann der Weinbauer sie ernten.
Er bringt sie in die Kelter.
Dort werden die Trauben gepresst,
sodass der Saft aus ihnen herausfließt.
Die volle Traube ist kaputt. Aber der Saft, der übrig bleibt, ist süß.
Noch ist er trübe.

Gären und Klarwerden

Der gepresste Traubensaft wird in Fässern gelagert.
Dort kann er lange gären und klar werden.
Er verwandelt sich.

Feiern und Freude

Aus der vollen, reifen Traube ist funkelnder Wein geworden,
golden, durchsichtig und klar. Menschen trinken ihn,
wenn sie feiern, wenn sie sich freuen, aus schönen Gläsern.

Weinstock und Rebzweige

Jesus, du sagst:
Ich bin der Weinstock,
ihr seid die Rebzweige.

Ein Weinstock ist ein Stamm.
Er nimmt seine Lebenskraft
aus dem Boden.
Wasser und Sonne braucht er,
um stark zu sein,
um Zweige treiben zu können,
um Früchte zu tragen.

Du bist der Weinstock.
Deine Lebenskraft ist Gott.
Er ist für dich Sonne und Licht.

Wir gehören zu dir
wie die Zweige zum Stamm.
Wir brauchen dich.
Wir brauchen Sonne und Licht.
Dann tragen wir Früchte.

Wenn wir von dir getrennt sind,
vertrocknen wir, sterben wir,
wie der Zweig,
der vom Stamm
abgeschnitten ist.

Wir bitten dich:
Lass uns immer zu dir gehören!
Amen.

Feste feiern

Jesus,
du möchtest, dass wir leben.
Deshalb wurden wir mit Wasser getauft.

Du möchtest,
dass wir glücklich leben.
Deshalb sagst du:
Ihr müsst Feste feiern.
Du warst auch auf einem Fest.
Es war eine Hochzeit.
Bei dem Fest ging der Wein aus.
Das war schlimm.
Du sagtest:
Wasser brauchen wir zum Leben.
Für das Fest brauchen wir Wein.
Du hast Wasser in Wein verwandelt,
damit das Fest weitergehen konnte.

Du machst uns ein besonderes
Geschenk für unser Fest mit dir:
Du schenkst uns dich selbst
im Brot zum Leben.
Du schenkst uns dich selbst
im Wein zum glücklichen Leben.

Das ist mein Leib, das ist mein Blut.
Das bin ich für euch zum ewigen Leben.

Danke, Jesus für dieses Geschenk!
Amen.

Das Fest mit Jesus

Jesus,
die heilige Messe ist das Fest,
das du mit uns feierst,
das wir immer wieder mir dir feiern.

Wir schmücken die Kirche
mit Blumen und Kerzen.
Der Duft von Weihrauch
erfüllt den Raum.

Wir hören auf deine frohe Botschaft.

Wir essen und trinken miteinander.
Wir haben Gemeinschaft,
Kommunion,
mit dir und miteinander.

Im Wort der Bibel,
in Brot und Wein,
in den anderen Menschen
bist du uns ganz nah.

Das feiern wir immer wieder
im Gottesdienst.
Deshalb beten, singen und tanzen wir.

Danke für dieses Geschenk!
Amen.

Die Feier der heiligen Messe

Trage die Worte in der richtigen Reihenfolge ein:

Eröffnung

Wortgottesdienst

Sendung

Mahlfeier

E_____

W_____

M_____

S_____

Eröffnung

⑥ Tagesgebet

…darum bitten wir durch Christus, unseren Herrn. Amen.

① Kreuzzeichen

Im Namen des Vaters und des Sohnes und des Heiligen Geistes. Amen.

⑤ Gloria

Ehre sei Gott in der Höhe.

② Begrüßung

P: Der Herr sei mit euch.
A: Und mit deinem Geiste.

④ Kyrie

Herr, erbarme dich.
Christus, erbarme dich.
Herr, erbarme dich.

③ Schuldbekenntnis

Ich bekenne Gott, dem Allmächtigen …

Wir begegnen Jesus und begrüßen ihn.
Wir denken über das nach, was hinter uns liegt
und was wir zum Gottesdienst mitbringen.

Seid wie guter Boden

Jesus, du sagst:
Wenn ihr zu mir gehören wollt,
dann hört auf das, was ich euch sage.

Seid wie guter Boden, auf den der Samen,
das Wort Gottes, fällt.
Dann werdet ihr wachsen und reifen
und froh und glücklich werden.

Seid nicht wie der steinige Fels,
auf dem der Samen vertrocknet.

Seid nicht wie der harte Weg,
von dem die Vögel alle Samen
wegpicken.

Seid nicht wie die Dornen,
die die gute Saat ersticken.

Hört auf das,
was ich euch von Gott erzähle.
Hört auf das, was ich euch
vom Reich Gottes erzähle.

Hört darauf und lebt danach.

Jesus, öffne unsere Ohren,
öffne unser Herz für dein Wort,
damit wir danach leben können!

Amen.

Wortgottesdienst

① Lesungen

L: Wort des lebendigen Gottes.
A: Dank sei Gott, dem Herrn.

② Zwischengesang

③ Halleluja

④ Evangelium

P: Frohe Botschaft unseres
Herrn Jesus Christus.
A: Lob sei dir, Christus.

⑤ Predigt

⑥ Glaubensbekenntnis

Ich glaube an Gott …
und an Jesus Christus …
Ich glaube an den Heiligen Geist,
die heilige katholische Kirche …
Auferstehung der Toten
und das ewige Leben.

⑦ Fürbitten

Wir bitten dich, erhöre uns.

Wir hören auf das Wort Gottes
und bekommen es erklärt.

Ich bin das Brot des Lebens

Jesus, du sagst:
Ich bin bei euch.
Ich bin das Brot des Lebens.

Brot, das ist etwas zu essen.
Wir müssen essen,
damit wir leben können,
damit unser Körper stark bleibt.

Du bist Brot für uns.
Wir brauchen dich,
damit wir leben können.
Wir brauchen dich,
damit wir stark sind.
Wir brauchen dich,
damit wir den Weg
zu Gott finden.

Ein kleines
Scheibchen Brot
sagt uns im Gottesdienst:
Du bist da.
Du bist in uns.
Du hast uns lieb.
Du machst uns stark.

Danke, Jesus!
Amen.

Jesus sagt:
Ein neues Gebot gebe ich euch:
Liebt einander!
Wie ich euch geliebt habe,
so sollt auch ihr einander lieben.

Johannes 13,34

Mahlfeier

⑧
Schlussgebet

⑦
Kommunion

P: Der Leib Christi.
A: Amen.

①
Gabenbereitung

Wir bringen die Gaben Brot und Wein. Wir bringen uns selbst.

②
Hochgebet

Präfation:	P: Der Herr sei mit euch.
	A: Und mit deinem Geiste.
	P: Erhebet die Herzen.
	A: Wir haben sie beim Herrn.
	P: Lasset uns danken dem Herrn, unserm Gott.
	A: Das ist würdig und recht.
Sanctus:	Heilig, heilig, heilig
Einsetzungs-worte:	Nehmet und esset alle davon …
	Nehmet und trinket alle daraus …
Lobspruch:	Durch ihn und mit ihm und in ihm …

⑥
Einladung zur Kommunion

P: Seht, das Lamm Gottes,
das hinwegnimmt die Sünden der Welt.
A: Herr, ich bin nicht würdig,
dass du eingehst unter mein Dach,
aber sprich nur ein Wort,
so wird meine Seele gesund.

⑤
Lamm Gottes

④
Friedensgruß

Friede sei mit dir.

③
Vaterunser

Vater unser im Himmel …

Wir empfangen Brot und Wein.
Jesus ist uns ganz nah.
Wir halten miteinander und mit Jesus Mahl.

Sendung

①

Segen

P: Es segne euch der allmächtige Gott, der Vater und der Sohn und der Heilige Geist.
A: Amen.

②

Sendung

P: Gehet hin in Frieden.
A: Dank sei Gott, dem Herrn.

Wir werden wieder ausgesandt,
um den Menschen, mit denen wir leben,
die frohe Botschaft weiterzusagen.

Der Weg nach Emmaus

Jesus,
da waren zwei Freunde, deine Freunde.
Sie sind traurig.
Alles ist aus.
Du bist tot, im Grab.
Sie gehen nach Hause.
Plötzlich bist du da.
Sie wundern sich:
Weißt du denn nicht, was geschehen ist?
Sie erkennen dich nicht.
Du redest mit ihnen.
Du erklärst ihnen, was in der Schrift steht.
Im Dorf bitten sie:
Bleibe bei uns, Herr!
Du kehrst mit ihnen ein.
Du brichst mit ihnen das Brot.
Da gehen ihnen die Augen auf.
Sie merken: Das bist du!
Jesus bricht mit uns das Brot.
Wie damals beim letzten Abendmahl.
Sie wissen jetzt:
Jesus ist nicht tot, er lebt.
Voller Freude gehen sie zurück
nach Jerusalem.
Sie erzählen den anderen:
Freut euch mit uns, Jesus lebt.
Wir haben ihn erkannt,
als er das Brot
mit uns brach!
Danke, Jesus,
dass du da bist!
Amen.

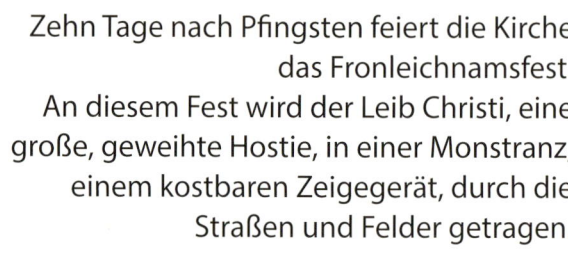

Fronleichnam

Zehn Tage nach Pfingsten feiert die Kirche
das Fronleichnamsfest.
An diesem Fest wird der Leib Christi, eine
große, geweihte Hostie, in einer Monstranz,
einem kostbaren Zeigegerät, durch die
Straßen und Felder getragen.

Jesus Christus,
als du fortgingst von deinen Jüngern,
hast du ihnen das Brot gebrochen und
gesagt:
Das ist mein Leib –
und:
Ich bin bei euch alle Tage
bis ans Ende der Welt.
Wir danken dir,
dass du in diesem Zeichen des Brotes
auch heute bei uns bist;
in diesem weißen
Scheibchen Brot,
das wir hüten wie einen kostbaren Schatz.
Darum haben wir auch einen so kostbaren
Rahmen
um dieses Scheibchen Brot gemacht –
aus Gold und Edelsteinen.

Sei uns gegrüßt,
du heiliges Brot!

Gott ist wie ein guter Vater

Jesus,
du bist in die Welt gekommen.

Du wolltest den Menschen sagen,
wie gut Gott es mit ihnen meint.
Du wolltest den Menschen sagen,
wie lieb Gott sie hat.
Du wolltest den Menschen sagen,
wie schön Gottes Schöpfung ist.
Du wolltest den Menschen sagen,
dass es nichts Schöneres gibt,
als mit Gott zu leben.

Du hast ihnen erzählt, wie Gott ist:
Gott ist wie ein guter Vater, sagst du.
Er hat euch lieb.
Ihr könnt ihm alles sagen.
Er nimmt euch in die Arme.
Er verzeiht euch, immer wieder,
wenn ihr etwas Böses getan habt.
Er möchte, dass ihr glücklich seid.

Danke, Jesus, dass du uns zeigst,
wie gut Gott ist.
Amen.

Gott sagt: Du darfst mir alles erzählen

Steine

Aus Steinen kann man viel machen.
Mit Steinen kann man viel tun.
Häuser bauen.
Brücken bauen.
Mauern bauen.
Große Steine klein klopfen.
Wir können Steine liegen lassen.
Wir können Steine tragen.
Wir können über große Steine stolpern.
Wir können anderen Steine in den Weg legen.
Wir können andere mit Steinen bewerfen.

Unsere Schuld, unsere Sünden sind wie Steine,
die anderen und uns schaden.
Schuldsteine wiegen schwer.
Es kann ein großer Stein sein oder viele kleine.
Wenn wir Böses tun,
wenn wir Gutes nicht tun,
dann werden wir schuldig.
Wir legen damit uns und anderen
Steine in den Weg.
Oder wir bewerfen sie mit „Steinen".
Die Steine, mit denen wir werfen,
heißen zum Beispiel:
Wut und Hass,
Neid und Eifersucht,
böse Nachrede
und noch viel mehr.

Wir wollen nachdenken über die Schuldsteine, die wir mit uns herumtragen.
Vergebung bedeutet:
Wir nehmen einander die Last unserer Schuldsteine weg.
Es ist gut, wenn wir einander vergeben.
Jesus hat es für uns getan.
Er ist für uns,
für die Vergebung aller Sünden, für alle Menschen am Kreuz gestorben.

Das wichtigste Gebot

Jesus, du sagst:
Das Wichtigste von allem
ist die Liebe.

Ihr sollt an Gott denken.
Gott hat euch lieb,
mehr, als ihr euch vorstellen könnt.

Deshalb sollt auch ihr Gott lieben
und alles, was von ihm kommt:

Die Menschen,
die mit euch leben
und die euch begegnen.

Gottes gute Schöpfung.

Und euch selbst,
denn Gott hat allem
das Leben geschenkt.

Du sollst den Herrn, deinen
Gott, lieben mit ganzem Herzen
und ganzer Seele,
mit all deiner Kraft und all
deinen Gedanken,
und: Deinen Nächsten sollst du
lieben wie dich selbst.

Lukas 10,27

Wie wir gut und richtig leben können

Bestimmt kennst du einen Kompass. Er zeigt dir die Richtung an. Hier siehst du einen „Gewissenskompass". Er zeigt vier Richtungen an, auf die wir achten sollten, um als Christen gut und richtig zu leben:

Gott

_____

_____

_____

_____

Schöpfung

_____

_____

_____

Mitmenschen

_____

_____

_____

Schreibe in die leeren Zeilen, was wichtig und gut ist, wenn du an diese Richtungen denkst.

_____

_____

_____

Ich selbst

Die Feier der Versöhnung

Der gute Vater

Die Beichte

Der Sohn dachte
über alles nach,
was er unrecht getan hatte.

Er machte sich auf
und ging zu seinem Vater.

Er bekannte dem Vater
seine Schuld.

Sie feierten ein Freudenfest.

Er hat sicher versucht,
sich zu bessern.

*Trage die Sätze in der richtigen
Reihenfolge in die Kästchen ein.*

Ich bessere mich.
Ich gehe zu Jesus.
Ich bekenne und erhalte Verzeihung.
Ich besinne mich, ich bereue.
Ich freue mich und danke.

Der gute Hirte

Jesus, du sagst:
Ich bin der gute Hirte.
Ich behüte euch,
wie der gute Hirte
auf seine Schafe aufpasst.
Ich gebe mein Leben,
damit ihr Leben habt, das nie aufhört.
Deshalb könnt ihr so beten,
wie die Menschen vor vielen
Jahrhunderten zu Gott gebetet haben:

Der Herr ist mein Hirte,
mir wird nichts fehlen.
Er lässt mich weiden auf grünen Wiesen.
Er lässt mich ruhen am frischen Wasser.
Er gibt mir, was ich zum Leben brauche.
Er führt mich die richtigen Wege,
so wie er es versprochen hat.
Wenn ich auch wandern muss
in dunkler Schlucht,
ich fürchte nichts Böses,
denn du bist bei mir.
Mit deinem Stock und deinem Stab
beschützt du mich.

Jesus,
du bist unser guter Hirte.
Bleibe bei uns und schütze uns.
Amen.

Meine Vorbereitungszeit

Auf meine Erstkommunion bereiten mich vor:

_____

_____

_____

Hier kannst du ein Foto deines Pfarrers oder deiner Gruppenleiter/-innen einkleben.

Meine Kommuniongruppe

Zu meiner Gruppe gehören:

Hier können die Kinder deiner Kommuniongruppe unterschreiben.

Das sind wir!

Hier ist Platz für ein Foto deiner Kommuniongruppe.

Der Tag meiner Erstkommunion

Am _____ habe ich in der Kirche _____

in _____ meine Erstkommunion gefeiert.

Der Gottesdienst begann um _____

Das Thema des Gottesdienstes war _____

Meine schönsten Erinnerungen

Hier und auf den nachfolgenden Seiten ist Platz für ausgewählte Fotos, das Liedblatt des Gottesdienstes, Glückwunschkarten oder andere schöne Erinnerungen an die Zeit der Vorbereitung und den Tag deiner Erstkommunion.